Ten el Valor de Amar y Ser Feliz

ANTONIO CORDERO

DEDICATORIA

A todos los que en su caminar desean una senda diferente a la del egoísmo. Al Señor que es Amor. A mis padres, que los han dado todo.

CONTENIDO

RECONOCIMIENTOS

Doy gracias a la Iglesia "Casa de Oración" en la Concepción, Venezuela; por haber sido un espacio donde he podido aprender por la práctica el contenido de este pequeño libro. A mi esposa por haber dejado tantas cosas por estar a mi lado. A mis padres por demostrarme el amor. Finalmente, agradezco al Programa Valores de la Cámara de Comercio de Maracaibo y la Universidad del Zulia por invitarme a realizar esta reflexión.

Capítulo Uno

BUSCANDO AL AMOR

Sobre Amor se han dicho tantas cosas, buenas y malas, y por no comprender la magnitud de este hecho, de origen divino y sin embargo profundamente humano, hemos sido capaces de cometer inmensos errores. ("El que ama la instrucción ama la sabiduría; Mas el que aborrece la reprensión es ignorante" Proverbios 12:1) El Amor definitivamente vale mucho ya que le otorga sentido a la vida misma y por amor a algo muchos lo han sacrificado todo. Sin embargo, es tan importante definir como vivirlo y seguramente sino lo hemos podido practicar tampoco lo hemos conocido, porque conocerlo significa amarlo, amar el amor es inevitable cuando se experimenta su grandeza.

Pero, ¿cómo encontrarlo? Pues a veces parece eludirnos vez tras vez, en nuestros intentos por asirlo. Para ello, es necesario conocer un poco sobre él, y no es igual a que conocerlo a Él. Es cierto, solo una experiencia nos permite saber en verdad de qué se trata; pero jamás podremos tener tal experiencia a menos que al verlo lo reconozcamos, porque el amor simplemente existe, está allí disponible para todos los que lo buscan, ya que es un recurso inagotable, pero hacen falta ojos para ver. Necesitamos algunos datos, algunas señales que eviten que lo dejemos pasar de largo, si por causalidad de la vida, nos llegamos a topar con él, y así por gracia divina, seamos capaces de disfrutarlo y enseguida comprenderlo.

¿Cómo reconocer al Amor cuando lo vemos? ¿Cómo identificar sus susurros en medio de un mundo convulsionado por tantas voces que nos gritan falsedades? Eso mismo quiero enseñarte, no que yo lo haya dominado, pues nadie es señor sobre el amor, al contrario, Él es amo del universo. A pesar de ello, puedo confesar que algunas veces he tenido la dicha de verlo y de escucharlo; sin embargo, a penas empiezo a conocerlo, porque es muy vasto y yo soy muy joven, de todas formas mi vida entera no será suficiente para llegar a descifrarlo del todo. Eso sí, puedo atestiguar que es lo más maravilloso del Universo, y nos fue dado para hacer que la vida sirva para algo, no solo para sí misma, para que tengamos propósito y que ese propósito nos haga felices.

Entonces debo decir que el Amor es la sustancia primigenia de la creación e impregna la vida de las cosas y de los seres, toda vez que ellas de alguna manera existen para otras cosas y otros seres. Así, reconocemos que está allí, que no puede ser destruido aunque sí puede ser ignorado, por lo que muchos se esfuerzan fútilmente por huir de su presencia, y esos que huyen de Él se complacen en evitar que otros a su vez lo encuentren, no sea que habiéndolo hallado se atrevan a mostrarlo al resto de nosotros.

Capítulo Dos

DEFENDIENDO AL AMOR

A pesar de su inmortalidad, el amor debe ser defendido, no de su destrucción sino de su ocultamiento. Una manera sumamente efectiva de esconder al Amor ha sido su distorsión, pues se le llama Amor a tantas otras cosas que no lo son. A veces, se nos dice que tiene que ver con una explosión emocional que embarga nuestro ser interno, con su potente componente fisiológico que hace que nuestras manos suden o nuestro corazón palpite. Si bien, en ocasiones el amor puesto en práctica, pudiera generar estos síntomas en algunas personas, definitivamente, estas no son el Amor en sí mismas.

Por haber confundido el amor con las sensaciones placenteras producto de las emociones más agradables, muchos han tratado de tomar un atajo y se embarcan en empresas destinadas al fracaso. Ya que pretenden experimentar artificialmente los beneficios del amor a través del disfrute sentimental. Pero este intento no dará jamás resultado, pues al buscar experimentar el Amor desde lo que nosotros mismos sentimos, caemos en la trampa del egoísmo, pues olvidamos que el Amor no se trata de nosotros sino de otros. Cuando solo nuestro Yo se beneficia de nuestra capacidad de amar, estamos condenados a no poder experimentar nunca el amor verdadero.

Lo que las personas en verdad buscan es el Amor, pero confundiéndolo con emocionalismo, recurren al alcohol y drogas, al sexo irresponsable, a la seducción o al autoritarismo. Las primeras dos cosas sirven para reproducir ciertas sensaciones placenteras que imitan al amor o nos hacen olvidar que no lo hemos encontrado; las últimas dos pretenden sustituir la respuesta de nuestros semejantes ante el ser amado, con la diferencia que se fundamentan en la mera satisfacción de nuestro Ego.

Existen dos realidades inherentes al Amor, como valor posee el poder de cambiar nuestra orientación de vida para alejarnos del egoísmo, sin embargo este último es una clase de amor, el amor por el sí mismo, acompañado siempre de la falsa humildad con su característica baja autoestima. Pues en lo más profundo de nuestros corazones se encuentra la necesidad de amar, primordialmente al Amor mismo. Al Amor como esencia y substancia de las cosas, como propósito motivacional primero. Cuando esto no se cumple, nuestra alma que es el centro de nuestro amor, se vuelca en afecto hacia metas ajenas a nuestra esencia humana, comenzamos a amar al dinero, al poder, al placer, al reconocimiento, a nosotros mismos.

Lo último es una distorsión de lo que somos, cuando colocamos objetos egoístas en el centro de nuestro amor y trasgredimos la propia de naturaleza de lo que es Amar, las consecuencias son desastrosas. Comenzamos a luchar por estos nuevos valores, que representan nuestro tesoro por ser lo más importante para nosotros, hiriéndonos e hiriendo a otros. Al final, el vacío de nuestro corazón no puede ser llenado con tales recompensas que en términos del espíritu no son más que aire, nos inflan pero no representan un alimento para nuestro ser interior y por eso siempre quedamos insatisfechos, con ganas constantes de algo más. En este círculo vicioso nos auto engañamos pensando que un trofeo más nos hará felices, y entramos en una carrera sin fin donde atropellamos a nuestros congéneres para encontrarnos al final en un laberinto sin salida.

Capítulo Tres

UNA SOCIEDAD SIN AMOR

Nuestra sociedad sufre, porque no hemos podido conocer al Amor ni mucho menos vivirlo. Vivimos para el egoísmo y nos convertimos en transgresores, en asesinos potenciales de todo aquello que se pueda interponer entre nosotros y esa meta que nos hemos trazado a fin de auto gratificarnos. Y esta gratificación debe ser lo más rápida posible. La esperanza está íntima asociada al amor pues se trata de esperar el momento oportuno, el kairos en griego, la ocasión correcta del logro de metas, en la cual no se violente el principio del Amor, de manera que en el centro del amor o lo que yo llamaría "el trono del alma" no se siente otro más que el Amor mismo.

Por lo dicho antes, el egoísmo es intrínsecamente impaciente, porque solo se trata de nuestro tiempo, es decir de nuestras vidas, cuando pasamos por alto la ocasión de otros, por ejemplo, al saltarnos de lugar en una fila, estamos robando parte de la vida de los demás, el tiempo que ellos han invertido se hace vano, mientras el nuestro está supra valorado, ya que solo somos capaces de pensar en nuestra propia gratificación instantánea. Y lo dicho es solo un síntoma, evidencia circunstancial de lo que suele ocurrir cuando no vivimos en amor, pero nuestras acciones pueden ser mucho peores.

Robamos la vida de otros cuando por medios ilegítimos nos apropiamos de un puesto de trabajo o de la autoría intelectual por una obra, lo cual comenzamos a practicar desde muy jóvenes cuando copiamos un examen en la escuela, o pagamos a otro para que realice nuestra tesis de grado. Trasgredimos los derechos de los otros, y le hacemos a nuestros congéneres lo que odiaríamos que nos hicieran a nosotros. Es consecuencia ineludible de no Amar al amor, sino a nosotros mismos.

Capítulo Cuatro

VIVIENDO EN EL AMOR

Cuando el Amor se sienta en el trono del alma, comenzamos a trabajar por metas espirituales, que generan consecuencias más allá de nuestra propia gratificación, las cuales son también trascendentes, es decir que van más allá de nuestra propia limitada existencia terrena, y dejamos nuestra impronta productiva y benéfica en el mundo, lo cual definitivamente no tardará a darse la vuelta en nuestro retorno y al final nos hará felices. Gozosos de ser aquello para lo que fuimos creados en primer lugar, de cumplir con un propósito, verdadero y honesto, toda vez que está motivado por el Amor mismo. Ser algo hermoso, desde una estética espiritual, donde somos artistas de nuestro destino, forjadores de bendiciones que muchos disfrutan.

Para ello, hace falta a veces sufrir, lo cual parece ser paradójico, pues pocos razonan que sea posible sufrir para ser feliz. Pero es que el Amor implica sacrificio, postergar nuestras necesidades y deseos a favor de un tercero, y dicha postergación indefectiblemente genera algún tipo de dolor. Ello es particularmente evidente en la familia, es pauta fundamental en las relaciones conyugales sanas, donde a veces hace falta postergar, dejar para otro momento mi propia satisfacción. ¿Cómo, sino así, es posible el alumbramiento? ¿Acaso nuestras vidas no comienzan en este mundo gracias al dolor que le causamos a nuestras madres? Entonces el amor implica sacrificio, que a su vez produce dolor, pero que al final le otorga la vida a otros y en recompensa nos hace felices.

Al vivir en Amor, nuestro comportamiento es necesariamente ético, lo cual está claro en la imprescindible convivencia, estar con otros es lo contrario de estar solos, la gregariedad esencialmente humana hace que el Amor sea el cemento de la unidad, la coyuntura que flexibiliza las posturas. El Amor evita que pasemos por alto las necesidades de los demás, solo por amar nuestras propias apetencias y en ello hace que no hagamos lo indebido, definiendo indebido como aquello que hace daño a todos. Matar al prójimo, en todo lo que puede ser destruido de él, incluso su moral, su valor, indica que en el trono de nuestro corazón están sentados los deseos egoístas, y podemos cometer feroces atrocidades si las circunstancias confluyen en presionarnos hacia ello.

Muchos entonces pretenden cambiar las circunstancias, para evitar que nuestro egoísmo termine por destruir a quienes nos rodean, pero esto no soluciona la raíz del problema, la cual se ubica en nuestras propias almas, si bien las circunstancias pueden propiciar determinados comportamientos, somos libres de decidir qué hacer ante ellas y dicha decisión dependerá finalmente de quien esté sentado en el trono del alma, cual es el tesoro de nuestras vidas, el cual termina por ser la brújula de nuestro destino. "Las personas solo roban porque tienen hambre" es una explicación simplista que pasa por alto lo que de verdad ocurre en nuestros corazones.

En distintos niveles de la satisfacción de deseos, las personas en nuestro egoísmo, somos capaces de robar, ya sea derechos, voluntades, tiempo y bienes. Mientras que muchos que han conocido el Amor, son capaces de postergar y vivir, encontrando otro tipo de soluciones a los problemas circunstanciales. Pues como he dicho antes, hay muchas maneras de robar, que van más allá de simplemente arrebatar un objeto físico. Lo cual a veces tiene más que ver con la jactancia ante el entorno que con necesidades legítimas.

Estar por encima de nivel de los demás, ser mejor que los demás, competir siempre con otros, tiene que ver con esa jactancia contraria al Amor. La Auto-superación, tiene que ver con trascender las limitaciones propias y crecer, elevarnos por encima de lo que fuimos ayer, si hemos avanzado, si hemos superado nuestro propio record, si ese crecimiento es continuo, si hemos dado lo mejor que tenemos, existen razones para sentirnos felices, lo cual contradice la intención de superar siempre a los demás y de compararnos constantemente con otros.

El Egoísmo, por estar centrado en sí mismo, es jactancioso, mientras que el Amor es humilde, pues permite un concepto sano del sí mismo, uno basado en la igualdad y la tolerancia. El individuo que está centrado en motivaciones correctas, no requiere del reconocimiento constante por parte de otros para satisfacer su propio afecto, pues es feliz en la bendición que otros poseen, mientras que la ostentación del egoísmo procura la obtención constante de las alabanzas de los terceros, sin las cuales entra en la desdicha. El deseo de que otros digan que soy esto o aquello va mucho más de la búsqueda de correspondencia en el Amor, y tiene que ver con la propia insatisfacción con lo que se es, la cual solo es posible porque el Ego se ha posicionado en el trono.

Hoy es tiempo de despojarnos del egoísmo y apropiarnos del Amor, el cual nos permite tolerar, ser pacientes, respetar, enseñar, bendecir, crecer, colaborar e incluir sin temor.

Capítulo Cinco

LA FELICIDAD EN EL AMOR

Tal vez has buscado muchas cosas que no tienes para ser feliz, pero ten cuidado porque la felicidad no siempre es igual al placer, de hecho mientras más buscamos la felicidad en sí misma, el placer destilado, obtenemos un subproducto altamente perjudicial, porque al aislar al placer puro te perderás del sentido y de la conexión con los demás.

Es un hecho demostrado que para ser feliz solo hay dos cosas realmente efectivas (Carter, 2014[1]), primero buscar una meta mayor a ti mismo; porque si vives solo para tu propio placer nada que hagas será duradero y lo segundo es consecuencia de lo anterior, solo puedes extenderte más allá de ti mismo y trascender, si piensas en los otros. Nuevamente, necesitas aprender a Amar si quieres ser feliz.

Porque la felicidad no es un fin en sí mismo, es solo una consecuencia de haber vivido una vida con sentido, una que valga la pena porque busque un bien mayor, mayor para todos, mayor que las mezquindades, mayor que los temores. Esto último, el temor, es el enemigo que se hermana con el egoísmo. Solo teme el que piensa en su propia seguridad, teme el que siente que puede perder: perder el cuerpo, perder la fama, perder el dinero, perder el poder.

Si siempre te preocupas por lo que puedes perder en una relación, entonces todo tu mundo se basa en el temor. Esto incluso es válido si temes perder la oportunidad de ganar, porque desde el temor se disparan las conductas de auto-protección. Huyes y te escondes, te paralizas o atacas. Cuando estas conductas se hacen presentes repetitivamente, pierdes la conexión con el entorno y por lo tanto has renunciado a la felicidad, pues está claro que tú no eres isla ni puedes serlo.

Aislarse para protegerse a sí mismo es el "yo estar" como único bien realizable en la vida. Pero, ¿Qué sentido tiene estar por estar? Si lo único que haces es cuidarte, es como si tu único fin fueses tú. En consecuencia, no hay un ¿Para qué? Porque el sentido, para valer la pena debe ser ulterior, teleológico, proyectado y trascendente.

Si permaneces en la lucha por alcanzar cosas, *"stuff"* como dirían en inglés, y además mientras las buscas atropellas a aquellos con quienes compites por obtenerlas, déjame decirte que has renunciado insoslayablemente a la felicidad. Porque nunca estarás conforme, primero anhelas una bicicleta para ser feliz, la obtienes y pronto te acostumbras a ella, luego piensas que una moto será la respuesta a tu vacío, la obtienes, te adaptas a ella y en un santiamén ya se te sientes igual de hueco, así seguirás siendo víctima del estrés y la fatiga mientras luchas por una carro, un bote, un avión o un cohete espacial.

El conflicto por ese algo más será infinito y aquí perderás de vista un valor sobre el cual hay tanto que decir y poco espacio en estas páginas, el Agradecimiento. Ser agradecido es otro de esos dones divinos sin el cual no podemos trascender como humanos. Agradecer lo que soy, lo que tengo y lo que he logrado es sentar las bases para seguir.

Ser Agradecido es no perder la capacidad de disfrute, sin la cual el máximo placer es solo una hueca experiencia sensorial. Enumera cotidianamente y con sinceridad, incluso por escrito, las cosas buenas que te pasan cada día por pequeñas que parezcan y seguro obtendrás una lista de cosas por las cuales agradecer.

Sal de tu castillo y quítate la armadura, encuéntrate con otros y con lo mucho que puedes lograr en favor de los demás, aún desde ese pequeño reducto de tu casa o trabajo, asume la vida con valentía, ten el valor de amar y ser feliz.

Carter, C. (11 de Diciembre de 2014). *THE GREATER GOOD SCIENCE CENTER*. Recuperado el 19 de Diciembre de 2014, de Why Happiness is the Wrong Pursuit:
    http://greatergood.berkeley.edu/article/item/why_happiness_is_the_wrong_pursuit

LA BIBLIA Y EL AMOR

"El Amor es paciente, es bondadoso. El Amor no es envidioso ni jactancioso ni orgulloso. No se comporta con rudeza, no es egoísta, no se enoja fácilmente, no guarda rencor. El Amor no se deleita en la maldad sino que se regocija con la verdad. Todo lo disculpa, todo lo cree, todo lo espera, todo lo soporta. El Amor jamás se extingue"

San Pablo
1 Corintios 13:4-8

"El que no ama no conoce a Dios, porque Dios es Amor"

San Juan
1 Juan 4:8

"Este mandamiento nuevo les doy: que se amen los unos a los otros. Así como yo los he amado, también ustedes deben amarse los unos a los otros"

Jesús
Juan 13:34

Citas de la Nueva Versión Internacional (NVI)
Copyright © 1999 por   www.biblica.com

SOBRE EL AUTOR

Antonio José Cordero Troconis, es psicólogo egresado de la Universidad Rafael Urdaneta, cursó la maestría en Orientación de la Universidad del Zulia y posee un Doctorado en Ciencias, mención: Gerencia de la Universidad Rafael Belloso Chacín. Desde niño se destacó como predicador infantil de la Iglesia de "La Cruz" en Maracaibo. Ha sido misionero a nivel internacional y nacional y Consultor Organizacional en el área del Talento Humano y Desarrollo Personal. Actualmente, también es pastor asociado de la Iglesia "Casa de Oración" ubicada en la Concepción, estado Zulia, Venezuela.

Contactos:
- Twitter: @antoniojcordero
- Facebook: Pastor Antonio J. Cordero Jr.

www.ingramcontent.com/pod-product-compliance
Lightning Source LLC
Chambersburg PA
CBHW061950280526
45787CB00004B/1801